**Die *kleine*
Bibliothek der
positiven Gefühle**

Freundschaft

Schön, dass es dich gibt

*Geschichten & Gedichte
voller Verbundenheit*

ars≡dition

Inhalt

MEIN PAULINCHEN

Hedwig Dohm

*I*n der Schule hatte ich eine Freundin. Es war eine sonderbare Freundschaft, intim und ganz hingegeben, und doch fast unpersönlich, ohne eine Spur von Zärtlichkeit oder Anteilnahme an den persönlichen Schicksalen der Kameradin. Mein Paulinchen war ein bitterarmes Mädchen, das immer nur geflicktes Zeug trug und schwarzwollene Hosen. Darum gingen die anderen Kinder lieber nicht mit ihr um. Ich sah die Flicken gar nicht, und aus den schwarzen Hosen machte ich mir nichts. Wir gingen oft stundenlang Hand in Hand im Tiergarten spazieren und redeten und redeten, das heißt, wir schwärmten von Schiller und Goethe, von Heine und George Sand (ach Consuelo!), von dem Grafen von Monte Christo und dem Literaturlehrer Palm, und hätte es damals schon Pferdebahnen und Omnibusse gegeben, wir wären gewiss etliche Male überfahren worden. Zuweilen entrüsteten wir uns aber auch, z. B. über den Religionslehrer, der in der Stunde gesagt hatte, dass dem lieben Gott der Bauch vor Lachen gewackelt, als er vernommen, dass es auf Erden Atheisten gäbe. Und das war der vornehmste Professor der Schule gewesen, der mit den »Geheimnissen von Paris«.

Von den kleinen Bosheiten, Intrigen, Klatschereien und Kleiderfragen, wie sie zwischen Schulmädchen üblich sind, wussten wir absolut nichts.

Später gingen wir zusammen in den Konfirmationsunterricht, und wir schwärmten wieder gemeinschaftlich für den Prediger, einen alten Herrn mit weißen Haaren, einer Habichtnase und kleinen, funkelnden, schwarzen Augen. 🖋

IN EIN STAMMBUCH

Franz Grillparzer

Dem nur blühet wahres Glück,
den auf seinem Pfade Freundschaft leitet.
Was es seinen Lieblingen bereitet,
gab dir alles das Geschick.

Eins nur ist zu geben mir geblieben,
und dies Einzige biet ich dir an:
eine Seele, die dich innig lieben
und dir Freundschaft geben kann.

DON QUIJOTE

Miguel de Cervantes

*D*er besiegte und schwer bekümmerte Don Quijote zog seines Weges, überaus nachdenklich, dann aber doch wieder sehr vergnügt. Der Trübsinn rührte von seiner Niederlage her, die Heiterkeit von den Gedanken an das wundersame Wirken Sanchos, mit dem er Altisidora wiederbelebt hatte, auch wenn es ihm recht schwerfiel zu glauben, dass das verliebte Mädchen wirklich tot gewesen war. Sancho hingegen wanderte keineswegs mit frohem Sinne dahin. Es ärgerte ihn gewaltig, dass Altisidora ihr Versprechen, ihm die Hemden zu schenken, nicht gehalten hatte. Dies ging ihm beständig im Kopf herum, und er sagte zu seinem Herrn: »Ich bin gewiss der unglücklichste Arzt, der auf der Welt zu finden ist. Es gibt Doktoren auf Erden, die, wenn sie auch ihre Kranken umbringen, dennoch bezahlt werden wollen für ihre Arbeit, die doch in nichts andrem besteht, als dass sie ein Zettelchen mit etlichen Arzneien darauf vollschreiben, die sie nicht einmal selber machen, sondern der Apotheker, und siehe da, sie haben ihren Profit weg. Mir aber, den die Heilung anderer Leute Blutstropfen, Nasenstüber, blaue Flecken, Nadelstiche und Peitschenhiebe kostet, mir gibt man keinen Heller. Aber hol mich der und jener, ich schwöre: Bekomme ich noch einmal einen Kranken unter die Hände, so soll man mir sie tüchtig schmieren, bevor ich ihn heile, denn wovon soll der Pfaff essen, wenn nicht von der Messen? Und ich mag nicht glauben, dass mir der Himmel die Wunderkraft, die ich besitze, gegeben hat, damit ich sie für nichts und wieder nichts zum Besten Dritter verwende.«

»Du hast recht, Freund Sancho«, erwiderte ihm Don Quijote, »und Altisidora hat sehr unrecht getan, dass sie dir die versprochenen Hemden nicht gab. Und wiewohl deine Kraft gratis data ist, denn sie hat dich keinerlei Studium gekostet, so ist's doch mehr als Studium, wenn du Qualen an deinem eigenen Leib erduldest. Was mich betrifft, so kann ich dir sagen, wenn du für die Geißelhiebe zur Entzauberung Dulcineas Bezahlung verlangt hättest, so hätte ich dir sie längst zu deiner vollen Zufriedenheit gegeben. Aber ich weiß nicht, ob die Zahlung sich mit der Kur verträgt, und ich möchte nicht, dass die Belohnung der Wirkung der Arznei hinderlich wäre. Trotzdem denke ich, es kann nicht viel dabei verloren sein, wenn man es versucht. Überlege dir, Sancho, wie viel du verlangst, und geißle dich auf der Stelle, und mach dich dafür mit eigner Hand bezahlt, denn du hast ja Geld von mir in Verwahr.«

Bei diesem Angebot riss Sancho Augen und Ohren sperrangelweit auf und war es in seinem Herzen sogleich zufrieden, sich freiwillig zu geißeln, und sprach zu seinem Herrn: »Gut, Señor, ich bin bereit, Eure Wünsche zu erfüllen, wenn ich einen Vorteil davon habe. Die Liebe zu meinen Kindern und zu meiner Frau zwingt mich, eigennützig zu erscheinen. Sagt mir, gnädiger Herr, wie viel wollt Ihr mir zahlen für jeden Hieb, den ich mir gebe?«

»Wenn ich dich im Verhältnis zu der Wichtigkeit und der eigentümlichen Art dieses Heilmittels bezahlen sollte, Sancho«, erwiderte Don Quijote, »so würden der Staatsschatz von Venedig und die Goldgruben von Potosi nicht hinreichen, um dich zu bezahlen. Überschlage du, wie viel Geld du von mir bei dir hast, und setze den Preis für jeden Geißelhieb an.«

»Deren sind dreitausenddreihundert und soundso viel«, entgegnete Sancho; »von denen habe ich mir etwa fünf gegeben, bleiben noch die andren übrig. Wir wollen diese fünf zu den soundso viel rechnen und auf die dreitausend und dreihundert kommen, jeden zu einem Viertelreal gerechnet – denn weniger nehme ich nicht, und wenn's die ganze Welt mir befehlen wollte –, macht dreitausenddreihundert Viertelrealen; die dreitausend sind fünfzehnhundert halbe Realen, die machen siebenhundertfünfzig Realen; und die dreihundert machen fünfundsiebzig Realen, und schlagen wir diese zu den siebenhundertfünfzig, so sind es im Ganzen achthundertfünfundzwanzig Realen. Dies will ich abziehen von dem Geld, das ich für Euer Gnaden in Verwahr habe, und dann komme ich reich und zufrieden nach Hause, wenn auch tüchtig zerprügelt, denn man fängt keine Forellen ohne … weiter sag ich nichts.«

»O du gebenedeiter Sancho! O du liebenswürdiger Sancho!«, rief Don Quijote; »wie sehr werden Dulcinea und ich dir zu jedem Gegendienst verpflichtet sein, solange uns der Himmel Leben vergönnen wird! Wenn sie wieder sein wird, was sie gewesen, und es ist unmöglich, dass sie nicht wieder so werde, dann wird ihr Unglück ein Glück und meine Niederlage ein wonnevoller Triumph gewesen sein. Denke aber nach, Sancho, wann du deine Geißelung anfangen willst; und damit du sie beschleunigst, lege ich dir hundert Realen zu.«

»Wann?«, versetzte Sancho; »diese Nacht noch unfehlbar. Sorge Euer Gnaden nur dafür, dass wir sie draußen unter freiem Himmel zubringen, so will ich mir schon meinen Leib wund schlagen.«

Es kam endlich die Nacht, welche Don Quijote mit größter Ungeduld erwartet hatte, da es ihm vorkam, als seien die Räder an Apollos Wagen gebrochen und der Tag ziehe sich länger als gewöhnlich hin, gerade wie es den Verliebten geht, die die Rechnung ihrer Wünsche nie richtig zu stellen vermögen. Sie begaben sich nun in ein anmutiges Wäldchen, etwas abseits vom Wege, entlasteten die Sättel Rosinantes und des Esels, streckten sich ins grüne Gras und speisten von Sanchos Reisevorrat. Sancho machte aus Halfter und Strick des Grauen eine starke geschmeidige Geißel und zog sich etwa zwanzig Schritte von seinem Herrn unter Buchen zurück, die dort standen. Don Quijote, der ihn so voll Entschlossenheit und Mut sah, sagte zu ihm: »Hab acht, Freund, dass du dich nicht in Stücke haust. Lass dir Zeit, sodass jeder Schlag auf den andern warten muss; übereile dich nicht so sehr auf deiner Bahn, dass etwa in ihrer Mitte dir der Atem ausginge; ich meine, geißle dich nicht so gewaltig, dass du das Leben einbüßest, ehe du die gewünschte Anzahl erreicht hast; und damit du nicht durch eine Karte zu viel oder zu wenig das Spiel verlierst, will ich hier stehen bleiben und die Hiebe, die du dir gibst, an meinem Rosenkranz abzählen. Der Himmel stehe dir bei, wie es dein guter Vorsatz verdient.«

»Den guten Zahler drückt kein Pfand«, entgegnete Sancho; »ich will mich so hauen, dass es mich nicht umbringt, aber mir wehtut, denn davon hängt ja wohl dieses Wunder ab.«

Er entblößte sich sogleich vom Gürtel bis zum Nacken, schwang seinen Strick und fing an, sich zu geißeln, und Don Quijote fing an, die Hiebe zu zählen. Sancho mochte sich etwa sechs oder acht gegeben haben, als ihm der Spaß doch zu beschwerlich und der Preis gar zu gering erschien; er hielt ein wenig inne und sagte zu seinem

Herrn, er müsse wegen Übervorteilung Berufung einlegen, denn jeder dieser Hiebe sei es wert, mit einem halben Realen, nicht mit einem Viertel bezahlt zu werden.

»Mach nur weiter, Freund Sancho, und lass den Mut nicht sinken«, sagte Don Quijote, »ich verdopple den Lohn.«

»Auf die Art«, versetzte Sancho, »mag's in Gottes Namen sein, und es soll Hiebe regnen.«

Allein der Schelm gab sie sich bald nicht mehr auf den Rücken, sondern schlug auf die Bäume und stöhnte von Zeit zu Zeit so gewaltig, als risse er sich bei jedem Hieb die Seele aus dem Leib. Don Quijotes Herz aber wurde weich, und in der Besorgnis, er möchte sich dabei ums Leben bringen und er selbst könnte alsdann durch Sanchos Unvorsichtigkeit das Ziel seiner Wünsche nicht erreichen, rief er ihm zu: »Bei deinem Leben, Freund, lass es jetzt gut sein, denn diese Arznei scheint mir sehr bitter; das Beste ist Eile mit Weile, Rom ist nicht in einem Tage erbaut. Mehr als tausend Hiebe, wenn ich mich nicht verrechnet habe, hast du dir schon gegeben, die mögen für jetzt genügen; der Esel, wenn ich mich eines rohen Volksausdrucks bedienen soll, der Esel trägt die Ladung, doch nicht die Überladung.«

»Nein, nein, Señor«, antwortete Sancho, »von mir soll es nicht heißen: Hat er das Geld heimgetragen, hat er nicht Lust, sich weiter zu plagen. Geht wieder ein wenig beiseite und lasst mich mir mindestens noch einmal tausend Hiebe aufstreichen; denn wenn wir in diesem Gefecht noch zwei Gänge tun, so haben wir die ganze Partie gewonnen, und es bleibt uns gar noch ein Überschuss.«

»Da du so gut im Zeuge bist«, sprach Don Quijote, »so möge dir der Himmel beistehen; prügle dich immerzu! Ich gehe beiseite.«

Sancho kehrte zu seiner Aufgabe mit so mutigem Eifer zurück, dass er im Nu vielen Bäumen die Rinde abgeschlagen hatte; mit solcher Härte geißelte er sich! Einmal, wie er einen ungeheuren Hieb auf eine Buche führte, erhob er seine Stimme und rief: »Hier soll Simson sterben und alle Philister mit ihm verderben!« Bei diesem kläglichen Schrei und beim Schall des grausamen Hiebes eilte Don Quijote herbei, ergriff die zusammengedrehte Halfter, die Sancho als Geißel brauchte, und sagte zu ihm: »Gott verhüte, Freund Sancho, dass du mir zulieb das Leben einbüßest, welches dir dazu dienen soll, Weib und Kinder zu ernähren. Mag Dulcinea eine bessere Gelegenheit abwarten; ich will mich in den Grenzen einer bereits nahe gerückten Hoffnung halten und harren, bis du neue Kräfte gewinnst, damit dieser Handel zu aller Zufriedenheit zu Ende geführt werde.«

»Weil Euer Gnaden es so will«, erwiderte Sancho, »so mag es meinetwegen so geschehen. Werft mir aber Euren Mantel um die Schultern, ich bin im Schweiß und möchte mich nicht gern erkälten, denn ein Neuling im Geißeln ist solcher Gefahr ausgesetzt.«

Don Quijote tat also und blieb im Unterkleid; er deckte Sancho zu, der schlief, bis die Sonne ihn aufweckte. 🖋

*Ein Freund ist jemand,
der deinen kaputten Zaun übersieht,
aber die Blumen deines Gartens
bewundert.*

Wilhelm Raabe

RADETZKYMARSCH

Joseph Roth

Er sehnte sich nach Doktor Skowronnek, dem Mann, mit dem er seit einigen Monaten jeden Nachmittag Schach spielte. Denn auch das regelmäßige Schachspiel gehörte zu den Veränderungen, die im Leben des Bezirkshauptmanns vorgegangen waren. Er hatte Doktor Skowronnek schon lange gekannt, wie er andere Kaffeehausbesucher kannte, nicht mehr und nicht weniger. Eines Nachmittags saßen sie einander gegenüber. Jeder halb verdeckt von einer aufgespannten und entfalteten Zeitung. Wie auf ein Kommando legten beide die Zeitungen nieder, und ihre Augen begegneten einander. Gleichzeitig und auf einen Schlag erkannten sie, dass sie denselben Bericht gelesen hatten. Es war ein Bericht über ein Sommerfest in Hietzing, an dem ein Fleischermeister namens Alois Schinagl dank seiner übernatürlichen Gefräßigkeit Sieger im Beinfleischessen geblieben war und die »Goldene Medaille des Wettesservereins von Hietzing« erhalten hatte. Und die Blicke der beiden Männer sagten zu gleicher Zeit: Wir essen auch gerne Beinfleisch, aber diese Idee, eine goldene Medaille für so was zu verleihen, ist doch eine recht neumodische und verrückte Idee! Ob es eine Liebe auf den ersten

Blick geben kann, wird mit Recht von Kennern bezweifelt. Dass es aber eine Freundschaft auf den ersten Blick gibt, eine Freundschaft unter bejahrten Männern, daran gibt es keinen Zweifel. Doktor Skowronnek sah über die randlosen, ovalen Gläser seiner Brille auf den Bezirkshauptmann, und der Bezirkshauptmann legte im selben Augenblick den Zwicker ab. Er lüftete den Zwicker. Und Doktor Skowronnek trat an den Tisch des Bezirkshauptmanns.

»Spielen Sie Schach?«, fragte Doktor Skowronnek.

»Gerne!«, sagte der Bezirkshauptmann.

Sie hatten es nicht nötig, sich zu verabreden. Sie trafen sich jeden Nachmittag um die gleiche Stunde. Sie kamen gleichzeitig. In ihren täglichen Gewohnheiten schien eine abgemachte Übereinstimmung zu herrschen. Während des Schachspiels wechselten sie kaum ein Wort. Sie hatten auch nicht das Bedürfnis, miteinander zu sprechen. Auf dem engen Schachbrett stießen manchmal ihre hageren Finger zusammen wie Menschen auf einem kleinen Platz, zuckten zurück und kehrten wieder heim. Aber so flüchtig diese Berührungen auch waren: Als hätten die Finger Augen und Ohren, vernahmen sie alles voneinander und von den Männern, denen sie gehörten. Und nachdem der Bezirkshauptmann und Doktor Skowronnek ein paarmal mit ihren Händen auf dem Schachbrett zusammengestoßen waren, kam es beiden Männern vor, dass sie sich schon seit langen Jahren kannten und dass sie keine Geheimnisse mehr voreinander hätten. Und also begannen eines Tages sanfte Gespräche ihr Spiel zu umranden, und über die Hände hinweg, die längst miteinander vertraut waren, schwebten die Bemerkungen der Männer über Wetter, Welt, Politik und Menschen. Ein schätzenswerter Mann!, dachte der Bezirkshauptmann vom Doktor Skowronnek. Ein außerordentlich feiner Mensch!, dachte Doktor Skowronnek vom Bezirkshauptmann. […] ⬿

Was passt, das muss sich ründen,
was sich versteht, sich finden,
was gut ist, sich verbinden,
was liebt, zusammen sein.

Was hindert, muss entweichen,
was krumm ist, muss sich gleichen,
was fern ist, sich erreichen,
was keimt, das muss gedeihn.

Gib traulich mir die Hände,
sei Bruder mir und wende
den Blick vor Deinem Ende
nicht wieder weg von mir.

Ein Tempel – wo wir knien,
ein Ort – wohin wir ziehen,
ein Glück – für das wir glühen,
ein Himmel – mir und dir.

Novalis

FREUNDSCHAFT
UND LIEBE

Else Lasker-Schüler

*D*ie Liebe ist ein Zustand, in den man durch himmlische Geschehnisse versetzt wird. Ein Zustand vor oder nach dem Tode: Beglückende ins Herz sich senkende Atmosphäre. Ein Engel, zweier sich verschmolzener Blicke. Die Freundschaft aber ist: Von dieser Welt. Wir sind ihr gewachsen; in unserer Macht liegt es, sie aufblühen oder verwelken, sie glühen oder erkalten zu lassen. Ihre Lebensdauer richtet sich nach dem Zeiger des gegenseitigen Vertrauens. Die Liebe hingegen wird vom Jenseits betreut. Sie hindern oder eigenmächtig anlocken zu wollen, vergebliche Müh'! Die Liebe ist ein von allerhöchsten Höhen geweihter Zustand, den man wie Duft über sich kommen lassen sollte. Man rühre an die Liebe nicht … Den Freunden aber rate ich zu, sich ganz und gar ihrer Freundschaft zu bemächtigen, ihr ist, wie man sagt, beizukommen! Freundschaft lässt sich gewinnen, Freunde haben es in der Hand, ihre Freundschaft zu befestigen durch Beweise gegenseitiger Treue. Ein altbewährtes Sprichwort meint außerdem: »Geschenke erhalten die Freundschaft.« Aber die Liebe lässt sich selbst nicht mit dem Rubin des Herzens erkaufen.

[…] An gemeinsamer Gefahr und am Spiel zweier Freunde stärkt sich die Freundschaft, aber nicht ein Jota mindert oder erhöht den Grad der Liebe jedwedes Bemühen. Außerdem gebricht es der heutigen Zeit an Zeit für Ouvertüren oder Vorspielen der Liebe. Was hat im Grunde die Liebe mit dem Fortkommen zu tun; längst überwundene Träumereien! Handelte es sich noch um die große Freundschaft, um Freunde, die sich gegenseitig fördern. Und ich kann es doch nicht lassen, auch von der Liebe zu sprechen, ist sie inbrünstig, welcher Art auch, hört!!, so krönt sie die Welt. Man sollte sich bewusst werden, der Wunderblume, die am Rande oder inmitten des Herzens aufgegangen, ihr Hauch betäubt den Alltag und entwertet alle unsere anderen Neigungen. Aus sich schöpft die Liebe ihre Lebensfähigkeit, wie der Stern sein Licht, die Sonne ihre Wärme. Gerade diese große Reinheit und Einheit erhebt die wirkliche Liebe über jedes andere Empfinden, sie geht nicht auf Raub von Reizen aus. Man wundert sich ja des Öfteren, wie gerade dieser jene lieben kann? Und umgekehrt. Die Liebe ist eine Himmelsschnuppe, ein Stückchen zerborstener Himmel, das unversehens ins Zweiherze fällt und himmelhochjauchzenden Zustand verströmt. Furchtbare Krisen aber hinterlässt der Liebe Verfall. Den an Liebe verarmten Menschen schlägt das Herz über dem Kopf zusammen. Er dünkte sich gestern noch für den wahren Krösus dieser Welt, und der Bankrott der Liebe trifft ihn schwer. Die Frau, die man himmlisch geliebt und mit erlösten Augen, von Erdenschwere befreit, bis dann anbetete, präsentiert sich nun in ihrer Sterblichkeit jäh! Solche Liebesschläge gleichen Operationen, die große Narben hinterlassen. Ganz anders, wenn sich das Band der Liebe nach höherem Willen löst, organisch wie Beete, die sich vom Sommer trennen, zerfallen; die feiern mit dem verlustigen Herzen des Sommertags liebenden Abschied. Ursache geht nie einer erkaltenden Liebe voraus. Alle die hervorgebrachten Gründe sind Vorwände. Die Liebe moralisiert ja nicht. Laster wird zur Tugend im Bereich der Liebenden. Von der Liebe entblößt, die sich zur Königin erhob – wer bist du jetzt und wer ist er in seinem Alltagsnebel, der noch vor Kurzem wetterleuchtete? Die Freundschaft aber ist aufzurichten. Zwei sich verloren gegangene, sich wiederfindende Freunde bauen über den Spalt ihrer Freundschaft eiserne Brücken. Meinungsverschiedenheiten, die nicht Launen verursachten, stärken das Rückgrat der Freundschaft. Die Laune aber ist der Freundschaft laues Laster, Großzügigkeit des Bündnisses Tugend. Freunde bekommen sich, wie man sagt, über! Falls sie keine gemeinsamen Interessen zur Unterhaltung finden. Den Liebenden hingegen fallen Mond und Sterne in den Schoß und schweigen … Die Liebe gedeiht am besten unter der Knospe des ungesprochenen Wortes. Die Freunde müssen sich hörbarer mitteilen und sehnen sich täglich ähnlicher zu werden.

Die Liebenden unähnlicher; gegenseitiges Bewundern; der Paragraf der Liebe! Ihn sollten die Liebenden beherzigen. Immer wieder neu erschaffene Perspektiven schaffen, den Flügel der Liebe den Raum noch erweitern. Stundenlang saß ich schweigend mit dem »blauen Wundermenschen« – am Brunnen vor dem Tore – und Verschmelzung traute unserer beiden Liebesherzen.

> Ich möchte ewig schweigen
> einen Tod und ein Leben lang,
> wie in den Saiten der Geigen
> noch ungespielter Gesang.
> Ich liebe die blauen Blumen
> im hohen Zittergras
> und deine blaue Seele
> unter blauem Gras.

Aber an meinen Freund, mit dem man sozusagen eingequasselt ist, schreibe ich Ähnliches in folgender Fassung:

> Ich möcht mich unterhalten
> mit dir von abends bis früh.
> Komm!, alles ist wieder beim Alten;
> ich langweil mich nämlich wie nie.
> Ich liebe das Meer, das nasse,
> in seinem Paradebett,
> und bist du nicht bei Kasse,
> ich pumpe dir das Billett.

Freundschaft,
das ist wie Heimat.

Kurt Tucholsky

DIE LEIDEN
DES JUNGEN WERTHER

Johann Wolfgang von Goethe

Am 4. Mai 1771

Wie froh bin ich, dass ich weg bin! Bester Freund, was ist das Herz des Menschen! Dich zu verlassen, den ich so liebe, von dem ich unzertrennlich war, und froh zu sein! Ich weiß, du verzeihst mir's. Waren nicht meine übrigen Verbindungen recht ausgesucht vom Schicksal, um ein Herz wie das meine zu ängstigen? Die arme Leonore! Und doch war ich unschuldig. Konnt' ich dafür, dass, während die eigensinnigen Reize ihrer Schwester mir eine angenehme Unterhaltung verschafften, dass eine Leidenschaft in dem armen Herzen sich bildete? Und doch – bin ich ganz unschuldig? Hab ich nicht ihre Empfindungen genährt? Hab ich mich nicht an den ganz wahren Ausdrücken der Natur, die uns so oft zu lachen machten, so wenig lächerlich sie waren, selbst ergetzt? Hab ich nicht – o was ist der Mensch, dass er über sich klagen darf! Ich will, lieber Freund, ich verspreche dir's, ich will mich bessern, will nicht mehr ein bisschen Übel, das uns das Schicksal vorlegt, wiederkäuen, wie ich's immer getan habe; ich will das Gegenwärtige genießen, und das Vergangene soll mir vergangen sein. Gewiss, du hast recht, Bester, der Schmerzen wären minder unter den Menschen, wenn sie nicht – Gott weiß, warum sie so gemacht sind! – mit so viel Emsigkeit der Einbildungskraft sich beschäftigten, die Erinnerungen des vergangenen Übels zurückzurufen, eher als eine gleichgültige Gegenwart zu ertragen.

Du bist so gut, meiner Mutter zu sagen, dass ich ihr Geschäft bestens betreiben und ihr ehstens Nachricht davon geben werde. Ich habe meine Tante gesprochen und bei Weitem das böse Weib nicht gefunden, das man bei uns aus ihr macht. Sie ist eine muntere, heftige Frau von dem besten Herzen. Ich erklärte ihr meiner Mutter Beschwerden über den zurückgehaltenen Erbschaftsanteil; sie sagte mir ihre Gründe, Ursachen und die Bedingungen, unter welchen sie bereit wäre, alles herauszugeben, und mehr als wir verlangten – kurz, ich mag jetzt nichts davon schreiben, sage meiner Mutter, es werde alles gut gehen. Und ich habe, mein Lieber, wieder bei diesem kleinen Geschäft gefunden, dass Missverständnisse und Trägheit vielleicht mehr Irrungen in der Welt machen als List und Bosheit. Wenigstens sind die beiden Letzteren gewiss seltener.

Übrigens befinde ich mich hier gar wohl. Die Einsamkeit ist meinem Herzen köstlicher Balsam in dieser paradiesischen Gegend, und diese Jahreszeit der Jugend wärmt mit aller Fülle mein oft schauderndes Herz. Jeder

Baum, jede Hecke ist ein Strauß von Blüten, und man möchte zum Maienkäfer werden, um in dem Meer von Wohlgerüchen herumschweben und alle seine Nahrung darin finden zu können.

Die Stadt selbst ist unangenehm, dagegen ringsumher eine unaussprechliche Schönheit der Natur. Das bewog den verstorbenen Grafen von M., einen Garten auf einem der Hügel anzulegen, die mit der schönsten Mannigfaltigkeit sich kreuzen und die lieblichsten Täler bilden. Der Garten ist einfach, und man fühlt gleich bei dem Eintritte, dass nicht ein wissenschaftlicher Gärtner, sondern ein fühlendes Herz den Plan gezeichnet, das seiner selbst hier genießen wollte. Schon manche Träne hab ich dem Abgeschiedenen in dem verfallenen Kabinettchen geweint, das sein Lieblingsplätzchen war und auch meines ist. Bald werde ich Herr vom Garten sein; der Gärtner ist mir zugetan, nur seit den paar Tagen, und er wird sich nicht übel dabei befinden.

Am 10. Mai

Eine wunderbare Heiterkeit hat meine ganze Seele eingenommen, gleich den süßen Frühlingsmorgen, die ich mit ganzem Herzen genieße. Ich bin allein und freue mich meines Lebens in dieser Gegend, die für solche Seelen geschaffen ist wie die meine. Ich bin so glücklich, mein Bester, so ganz in dem Gefühle von ruhigem Dasein versunken, dass meine Kunst darunter leidet. Ich könnte jetzt nicht zeichnen, nicht einen Strich, und bin nie ein größerer Maler gewesen als in diesen Augenblicken. Wenn das liebe Tal um mich dampft und die hohe Sonne an der Oberfläche der undurchdringlichen Finsternis meines Waldes ruht und nur einzelne Strahlen sich in das innere Heiligtum stehlen, ich dann im hohen Grase am fallenden Bache liege, und näher an der Erde tausend mannigfaltige Gräschen mir merkwürdig werden; wenn ich das Wimmeln der kleinen Welt zwischen Halmen, die unzähligen, unergründlichen Gestalten der Würmchen, der Mückchen näher an meinem Herzen fühle, und fühle die Gegenwart des Allmächtigen, der uns nach seinem Bilde schuf, das Wehen des Alliebenden, der uns in ewiger Wonne schwebend trägt und erhält; mein Freund! Wenn's dann um meine Augen dämmert und die Welt um mich her und der Himmel ganz in meiner Seele ruhn wie die Gestalt einer Geliebten – dann sehne ich mich oft und denke: Ach könntest du das wieder ausdrücken, könntest du dem Papiere das einhauchen, was so voll, so warm in dir lebt, dass es würde der Spiegel deiner Seele, wie deine Seele ist der Spiegel des unendlichen Gottes! – mein Freund –, aber ich gehe darüber zugrunde, ich erliege unter der Gewalt der Herrlichkeit dieser Erscheinungen.

Ich nenne keine Freundschaft heiß,
die niemals, wenn's ihr unbequem,
den Freund zu überraschen weiß,
trotzdem.

Denn wenn sie Zeit und Mühe scheut,
ein Unverhofft zu bringen,
das einen Freund unendlich freut,
dann hat sie keine Schwingen.

Joachim Ringelnatz

ARISTIPP UND
EINIGE SEINER ZEITGENOSSEN

Christoph Martin Wieland

Aristipp an Kleonidas in Cyrene

*A*lle Götter der beiden Elemente, denen du bei unserm Abschied mein Leben so dringend empfahlst, schienen es miteinander abgeredet zu haben, die Überfahrt deines Freundes nach Kreta zu begünstigen. Wir hatten, was in diesen Meeresgegenden selten ist, das schönste Wetter, den heitersten Himmel, die freundlichsten Winde; und da ich dem alten Vater Oceanus den schuldigen Tribut schon bei einer früheren Seereise bezahlt hatte, genoss ich diesmal der herrlichsten aller Anschauungen so rein und ungestört, dass mir die Stunden des ersten Tages und der ersten Hälfte einer lieblichen mondhellen Nacht zu einzelnen Augenblicken wurden.

Gleichwohl – darf ich dir's gestehen, Kleonidas? – däuchte mich's schon am Abend des zweiten Tages, als ob mir das majestätische, unendliche Einerlei unvermerkt lange Weile zu machen anfange. Himmel und Meer, in Einen unermesslichen Blick vereinigt, ist vielleicht das größte und erhabenste Bild, das unsre Seele fassen kann; aber nichts als Himmel und Meer, und Meer und Himmel, ist, wenigstens in die Länge, keine Sache für deinen

33

Freund Aristipp; und ich glaube wirklich, dass mir ein kleiner Sturm, mit Donner und Blitz und übrigem Zubehör, bloß der Abwechslung wegen, willkommen gewesen wäre. Du weißt, dass außer dem nah an Kreta liegenden Inselchen Gaudos kein einziges Eiland zwischen Cyrene und Gortyna zu sehen ist; überdies wollte auch der Zufall, dass uns auf der ganzen Reise, außer drei oder vier Cyprischen Kornschiffen und einer für Korinth befrachteten Tyrischen Pinasse, die sich so nah als möglich an der Küste hielten, kein einziges Fahrzeug begegnete, womit wir uns auf eine oder andre Art hätten unterhalten können. Es fehlte mir also, wie du siehst, nicht an Muße, so viele Grillen zu fangen, als ich wollte; und wie weit es endlich mit mir gekommen sein müsse, kannst du daraus abnehmen, dass ich stundenlang vom Verdeck in die See hinab schaute, ob nicht irgendeiner von den Fischgöttern oder Götterfischen, womit ihr Dichter den Ozean bevölkert habt, aus der Tiefe heraufgefahren, bei unsrer Erblickung in sein krummes Horn stoßen und die übrigen Meerwunder, seine Gespielen, zusammenrufen werde, um unsre auf den Wellen leicht dahingleitende Barke zu umkreisen und durch mutwillige Spiele und Neckereien aufzuhalten. Das Schauspiel, das wir ihnen gaben, ist freilich seit der Zeit, da das erste von Pallas Athene selbst erbaute Schiff eine Schar kühner Göttersöhne nach Kolchis trug, um – ein gold'nes Widderfell zu erobern, etwas so Alltägliches für diese Meerbewohner geworden, dass ein unbedeutendes Fahrzeug, wie das unsrige, sich nicht schmeicheln durfte, großes Aufsehen bei ihnen zu erregen: Aber dass in drei langen Tagen auch nicht ein einziges rosenarmiges Meermädchen mit grünen Locken und milchweißem Busen auftauchen wollte, um meine des Herumschwebens zwischen Luft und Wasser müden Blicke auf ihrer reizenden Gestalt ausruhen zu lassen, das war doch wirklich zu grausam und bewies mir den großen Unterschied, den die Götter zwischen euch Dichtern und uns andern prosaischen Menschen machen. Wäre mein Freund Kleonidas hier, dacht' ich, was würd' er nicht in diesen, für mich Unbegeisterten so leeren, Elementen sehen und hören? Könnt' er gleich den Nebel, der mir die unsichtbare Welt verbirgt, nicht von meinen Augen treiben, so würde ich mich doch an seinen Visionen und Entzückungen ergötzen: Und im Grunde könnte mir's ja gleichviel sein, ob ich das alles unmittelbar mit meinen eigenen Augen oder im Zauberspiegel der seinigen sähe. Sage dir nun selbst, ob ich nicht auf dich zürnen sollte, dass du dich nicht erbitten ließest, mich auf meiner Reise wenigstens nur bis nach Olympia zu begleiten, wo dich ein Schauspiel erwartete, das auf dem ganzen Erdboden einzig in seiner Art ist und durch kein anderes ersetzt werden kann. Im ganzen Ernste, Kleonidas, ich kann dir das Unrecht kaum verzeihen, das du durch deine Unerbittlichkeit noch viel mehr an dir selbst als an deinem Aristipp begangen hast. Wer weiß, ob dir die versäumte Gelegenheit in deinem ganzen Leben wieder aufstoßen wird? Und aus der Welt zu gehen, ohne die Olympischen Spiele und den Jupiter des Phidias gesehen zu haben, wahrlich, da verlohnte sich's kaum der Mühe, da gewesen zu sein! Doch, wem sag' ich das? Und wie kann ich einen Augenblick vergessen, dass du von einem Zauber gebunden bist, der dir weder Gewalt über dich selbst lässt noch Augen für einen andern Gegenstand als die schöne Unerbittliche, deren Blicke die Nahrung deines Lebens sind? Was ist im Himmel und auf Erden und im Reich des Oceanus, das einen von Amor verwundeten Dichter von der süßen Quelle seiner Schmerzen entfernen könnte?

Wundre dich nicht, Kleonidas, dass ich so viel von dem Geheimnis deines Herzens weiß, wiewohl du es, ich weiß nicht, warum, so sorgfältig vor mir verborgen hast. Ein Verliebter ist so leicht zu entdecken, wie gut er sich auch zu verstecken glaubt, und die Freundschaft ist scharfsichtig. Befürchte indessen nichts von der meinigen: Sie soll dir nie durch Zudringlichkeit beschwerlich fallen, aber auch nie fehlen, wenn du dich aus eigenem Drange nach ihr umsiehst. Alles, was ich mir dermalen von der deinigen verspreche, ist, dass du deinen trautesten Jugendfreund nicht ganz vergessen und ihm gern erlauben werdest, sich während einer Abwesenheit, deren Dauer noch unbestimmbar ist, von Zeit zu Zeit durch Briefe bei dir in Erinnerung zu bringen. ✎

Ich war schon immer der Ansicht,
dass das größte Privileg,
die größte Hilfe und der größte Trost
in einer Freundschaft darin bestehen,
dass man nichts erklären muss.

Katherine Mansfield

Einen Menschen wissen,
der dich ganz versteht,
der in Bitternissen immer zu dir steht,
der auch deine Schwächen liebt,
weil du bist sein;
dann mag alles brechen,
du bist nie allein.

Marie von Ebner-Eschenbach

ERINNERUNGEN AN ANNA KLIE

Ricarda Huch

> Einsam geh ich meiner Wege.
> Mit der Mutter wandelt sie,
> meine kleine allerliebste
> vielgeliebte Anna Klie.

So fing ein Gedicht an, mit dem ich mir die Zeit vertrieb, während ich, etwa 18 Jahre alt, ohne sie um den Braunschweiger Wall ging, die auf Spaziergängen meine Begleiterin zu sein pflegte. Vielleicht war ich ihr eben begegnet, wie sie brav neben ihrer Mutter herging, einen Blick aus ihren großen, grauen Augen mir zuwerfend, der Einverständnis, Trost, Bedauern, Verheißung ausdrückte, wie eine Angebetete ihn ihrem ungestümen jungen Liebhaber schenken könnte. Es war sehr viel hübscher, wenn wir zusammen um den Wall gingen unter endlosen Gesprächen, die mit leichten Flügeln Himmel und Erde berührten, ohne dass, wenn wir Abschied nehmend an der Gartentür standen, erschöpft gewesen wäre, was uns bewegte. Sie erzählte mir zuerst von Gottfried Keller, von Spiegel, dem Kätzchen. Ich verschlang damals, was mir schön klang und mein Herz ergriff: Goethe, Schiller, Eichendorff, Kleist; aber ich hielt mich nicht lange dabei auf, berauschte mich nur an der Schönheit, steigerte mein eigenes Lebensgefühl daran. Sie las viel besonnener, verweilte beim Einzelnen, vertiefte sich hinein. Da wir im Gefühl für das Schöne und Gute in der Dichtkunst übereinstimmten, war das für mich sehr bereichernd. Nur darin wichen wir voneinander ab, dass sie von den Untiefen des Lebens, von unversöhnbaren Gegensätzen nichts wissen wollte.

»Zerstöre mir meine hübsche rote, blaue und goldene Welt nicht«, sagte sie einmal. Das machte sie wohl geeignet, für Kinder und junge Mädchen zu schreiben, was sie später mit viel Erfolg getan hat. Damals sagte mir zuweilen ein Gedicht zu, das sie inzwischen gemacht hatte und das mich fast immer entzückte. Ihre Gedichte hatten etwas, das ich bewunderte, umso mehr als ich das Gefühl hatte, dass es mir unzugänglich sei. Sie waren wie Blumen, die wild am Berg wachsen, deutsche Volkslieder, Blumen, die sich erst öffnen, wenn die Dämmerung kommt, die man vielleicht wegen ihrer Schlichtheit übersähe, wenn ihr Duft sie nicht auszeichnete.

Wie bezauberten mich die Verse:

An unserm Garten fließt
der wilde Strom vorbei.
Als ich die Liebste noch nicht kannte,
stand ich da manches Mal
und sah den Himmel an.
Wie schön im Abendrot er brannte.

Es war mein Garten, der Garten meiner Eltern, an dem
der Strom vorbeifloss ...

Anna Klie war in unserm Hause wie ein Glied der Familie, von allen geliebt und gerngesehen; ich war bei ihr nur
selten, schon deshalb, weil die kinderreiche Familie Klie
viel Verkehr nicht brauchen konnte. Ihre Mutter fand ich
durchaus sympathisch, sie war eine praktische, tüchtige
Frau, der die sogenannten geistigen Interessen fernla-
gen, die aber viel Humor und gesunden Menschenver-
stand hatte. Der Umstand, dass Klies vor dem Frankfur-
ter Tore wohnten, in einem kohlengeschwärzten, lauten,
reizlosen Quartier, trug dazu bei, mir Anna wie eine
Blume erscheinen zu lassen, die märchenhaft zwischen
Schutt und Küchenpflanzen wächst.

Soweit ich sehen und urteilen konnte, hatte ihre ganze
Familie etwas Kleinbürgerliches; alle hatten Witz, Humor und Verstand mit einer eigenartig volkstümlichen
Färbung. Der Umgang mit mir wurde zugelassen, wenn
auch nicht grade gern gesehen, hauptsächlich wohl, weil
er Anna viel Zeit raubte und sie, die Älteste, der Familie
hätte entfremden können. Ich bewahre ihrer Mutter eine
dankbare Erinnerung, weil sie immer gütig gegen mich
war und sogar für mich eintrat, wo es die Gerechtigkeit
zu erfordern schien.

Eine ernstliche Gegnerschaft bedeuteten nur die zahl-
reichen Freundinnen Annas, die alle nicht meine waren;

sie waren, wie Anna selbst, ungefähr sechs Jahre älter als ich, was für die Altersstufe, auf der wir uns befanden, viel bedeutet. Die meisten Beziehungen stammten aus der Schulzeit, Klassenzugehörigkeit, vielleicht auch gemeinsamer Tanzstunden.

Anna Klie und ihre Freundinnen gehörten in die Generation meiner fünf Jahre älteren Schwester, deren Freundin Anna ursprünglich gewesen war, bis gemeinsame Interessen, hauptsächlich die Neigung zur Poesie, und unberechenbare Zuneigung sie enger mit mir verbanden. Es lässt sich verstehen, dass Annas Freundinnen mich als unliebsamen Eindringling betrachteten; sie führten einen wohlüberlegten Krieg gegen mich, womit sie Anna das Leben schwer machten.

Ihre Einwände richteten sich zum Teil gegen unser Haus im Allgemeinen: Mein Vater hielt sich als überseeischer Kaufmann oft lange in Brasilien auf, meine Eltern hatten dort gelebt, und es herrschte bei uns eine Lebensauffassung, die vielen allzu frei, allzu rücksichtslos gegen Vorurteile und Herkömmlichkeiten erschien. Anna Klie hörte deshalb nicht auf, meinen Angehörigen mit Liebe anzuhängen, und auch mir blieb sie treu, wenn sie auch nicht verhehlte, dass sie in Bezug auf mich ihren Freundinnen, die mich für sehr gefährlich hielten, nicht überall unrecht geben könne. Für sie ergaben sich dadurch Konflikte, denn sie war treu, ehrlich und gewissenhaft;

mir mehrten die Angriffe eher das überschwängliche Kraftgefühl der Jugend.

An ihrer Freundschaft brauchte ich nicht zu zweifeln; die freilich war ein Kleinod, deren Verlust mich empfindlich getroffen hätte. Die Zeit, wo mir jeder Tag glanzlos und unfruchtbar erschien, an dem ich sie nicht sehen konnte, war nicht frei von Konflikten und Leiden; aber sie hatte doch etwas Festliches durch unser zwischen mancherlei Hemmungen sich behauptendes Bündnis. Mein Bruder Rudolf nahm oft an unserm Zusammensein teil; dann, wenn wir zu dritt waren, ging es besonders hoch her mit Übermut und Gelächter. Anna wusste zierlich zu necken und ließ sich gutwillig necken. Die Konflikte und Bedenklichkeiten, die sie zuweilen beschwerten und die oft sehr verzwickt waren, nannte mein Bruder »planlose Geschichten«. Das wurde zu einem Schlagwort, das für uns reich an Bedeutung war.

Seit ich zum Zweck des Studiums nach Zürich gegangen war, standen wir viele Jahre lang in regelmäßigem Briefwechsel. Nicht aller Menschen Briefe sind Ersatz für persönlichen Umgang; ihre waren es, soweit das überhaupt möglich ist, weil sie die Fähigkeit hatte, ihre Eigenart in den Brief zu übertragen. Es mögen mir Briefe von ihr abhanden gekommen sein, aber nie habe ich wissentlich einen weggeworfen. Sie waren mir eine Quelle des Vergnügens schon im äußerlichen Bilde; ihre Handschrift hatte für mich dasselbe krauthaft aus dem Boden Gewachsene, Würzige wie ihre Gedichte. Die Briefe waren voll treuer Zärtlichkeit, die sich ganz unsentimental äußerte, und voll humoristischer Schilderungen der kleinen täglichen Vorkommnisse und aus dem Bekanntenkreise; ich überflog sie nicht wie viele andere, sondern schlürfte sie Tropfen für Tropfen. Als ich nach 20 Jahren wieder in derselben Stadt mit ihr lebte, war sie todkrank. Sie hatte sich inzwischen verheiratet, lebte in glücklicher Ehe, von ihrem Manne geliebt und gehegt. Ob sie wusste, dass das schwere, schmerzvolle Ende unausweichbar war? Ich fand sie, während ich an ihrem Bette saß, nie anders als warmherzig und heiter, zu humorvollen Betrachtungen geneigt. Ihre großen, grauen Augen, die kurze Nase, die ihr etwas Kindliches gab, der Mund, der sich so leicht zum Lachen öffnete, waren kaum verändert, wie sie auch innerlich sich nicht merklich verändert hatte. Wenn sie Gedichte machte, hatten sie noch denselben volkstümlichen Ton, die Einfachheit, die infolge der ihr angeborenen Eigenart nicht mit Plattheit zu verwechseln ist, nur der süße Schmelz fehlte wohl, den die Jugend gibt.

Viele von ihren frühen Gedichten erklingen noch oft in mir, ohne dass ich sie wieder gelesen hätte, so wie sie sich mir einprägten, als ich sie zuerst las oder hörte.

Wenn du wiederkehrst, und währt es sommerlang,
bis der Schnee liegt, will ich auf dich warten.
Es braust ein Sturmwind vom Binnenland,
die Flügel beladen mit Schnee.

Oder das liebste von allen:

Es ist viel Raum für mich
auf meines Vaters Hof,
und ich bin müd und krank vom Wandern ...

Ich besitze ihre Gedichte gedruckt und handschriftlich
in einem Büchlein, das sie selbst bemalt und in das sie
die Gedichte für mich eingetragen hat. Am Schluss sind
einige von mir nachgetragen, die sie mir vermutlich später in Briefen mitgeteilt hat. Das letzte ist an die Gesundheit gerichtet.

O schenke meinem Herzen wieder
den sorglos kaum verspürten Schlag!
Vergebens lacht auf mich hernieder
der veilchenduftge Frühlingstag.
Neig meinen Lippen deine Schale,
flöß der Genesung Trank mir ein,
lass an des Lebens reichem Mahle
ein froher Gast mich wieder sein!

Arme, liebe, liebe Anna Klie! ✍

*Wenn man zwei oder drei
Menschen hat, aber was sage ich denn,
wenn man nur einen Menschen hat,
demgegenüber man schwach, armselig
und zerknirscht sein darf und der einem
dafür nicht wehtut, dann ist man reich.*

Milena Jesenská

JANE EYRE

Charlotte Brontë

*E*ines Abends Anfang Juni war ich sehr lange mit Mary Ann im Wald geblieben; wie gewöhnlich hatten wir uns von den anderen getrennt und waren weit gewandert; so weit, dass wir den Weg verloren hatten und denselben in einer einsamen Hütte erfragen mussten. Als wir endlich zurückkamen, war der Mond schon aufgegangen; ein Pony, welches wir als dasjenige des Arztes erkannten, stand an der Gartenpforte. Mary Ann bemerkte, dass wahrscheinlich irgendjemand schwer erkrankt sein müsse, wenn Mr. Bates noch so spät am Abend geholt worden sei. Sie ging in das Haus; ich blieb zurück, um noch eine Handvoll Wurzeln, die ich im Wald ausgegraben hatte, in meinem Garten einzupflanzen.

Nachdem dies geschehen war, verweilte ich noch einige Minuten; die Blumen dufteten so süß, als der Tau fiel; es war ein so wunderschöner Abend, so rein, so ruhig, so warm; und der noch gerötete Westen versprach wiederum einen schönen Tag. Im dunklen Osten stieg majestätisch der Mond empor. Ich beobachtete dies alles und erfreute mich daran, wie ein Kind sich zu freuen vermag – da plötzlich kam mir der Gedanke, wie niemals zuvor: »Wie traurig ist es doch, jetzt auf dem Krankenbett liegen zu müssen und in Todesgefahr zu schweben! Diese Welt ist so schön – wie entsetzlich wäre es, abberufen zu werden und wer weiß wohin gehen zu müssen!« Und dann machte meine Seele die erste ernste Anstrengung, das zu begreifen, was man in Bezug auf Himmel und Hölle in sie gelegt hatte; zum ersten Mal blickte ich um mich und sah vor mir, neben mir, hinter mir nichts als einen unermesslichen Abgrund; zum ersten Mal bebte meine Seele entsetzt zurück, sie empfand und fühlte nichts Sicheres mehr als den einen Punkt, auf dem sie stand – die Gegenwart, alles andere war eine formlose Wolke, eine unergründliche Tiefe. Während ich noch diesen neuen Gedanken nachhing, hörte ich, wie die große Haustür geöffnet wurde; Mr. Bates trat heraus, mit ihm eine Krankenwärterin. Nachdem sie gewartet hatte, bis er aufs Pferd gestiegen und fortgeritten war, wollte sie die Tür wieder schließen. Ich lief zu ihr.

»Wie geht es Helen Burns?«

»Sehr schlecht«, lautete die Antwort.

»War Mr. Bates ihretwegen gekommen?«

»Ja.«

»Und was sagt er?«

»Er sagt, dass sie nicht mehr lange bei uns verweilen wird.« Hätte ich diese Aussage gestern gehört, so hätte sie nur den Glauben in mir wachgerufen, dass man sie nach Northumberland in ihre Heimat bringen wolle. Ich hätte nicht vermutet, dass es bedeute, sie liege im Sterben. Aber jetzt wurde mir augenblicklich klar, dass Helen Burns' Tage auf dieser Welt gezählt waren.

Im ersten Moment bemächtigte sich meiner ein namenloser Schrecken; dann empfand ich den heftigsten Schmerz, dann einen Wunsch – den Wunsch, sie zu sehen. Und ich fragte, in welchem Zimmer sie liegt.

»Sie ist in Miss Temples Zimmer«, sagte die Wärterin.
»Kann ich hinaufgehen und mit ihr sprechen?«
»Oh nein, Kind! Das geht nicht. Und nun ist es auch für Sie Zeit hineinzugehen; Sie werden das Fieber bekommen, wenn Sie draußen sind, während der Tau fällt.«

Die Wärterin schloss die Haustür; ich ging durch den Seiteneingang, der zu dem Schulzimmer führte; ich kam noch zur rechten Zeit; es war neun Uhr, und Miss Miller rief gerade die Schülerinnen zum Schlafengehen. Es mochte vielleicht zwei Stunden später gewesen sein; es war mir nicht möglich gewesen einzuschlafen, und aus der tiefen Ruhe, die im Schlafsaal herrschte, schloss ich, dass meine Gefährtinnen fest schliefen. Leise stand ich auf, zog mein Kleid über mein Nachtgewand und schlich mich barfuß aus dem Gemach, um Miss Temples Zimmer zu suchen. Es befand sich am entgegengesetzten Ende des Hauses; aber ich kannte den Weg, und die

Strahlen des unbewölkten Sommermondes halfen mir, ihn zu finden. Ich nahm einen scharfen Geruch von Kampfer und gebranntem Essig wahr, als ich mich dem Zimmer der Fieberkranken näherte. Schnell eilte ich an der Tür vorüber, aus Furcht, dass die Krankenwärterin, die die ganze Nacht Wache halten musste, mich hören könnte. Ich hatte Angst davor, entdeckt und zurückgeschickt zu werden, denn ich musste Helen sehen; ich musste sie umarmen, bevor sie starb; ich musste ihr einen letzten Kuss geben noch ein letztes Wort mit ihr sprechen. Nachdem ich die Treppe hinuntergegangen war, einen Teil des Erdgeschosses durchschritten hatte und es mir gelungen war, geräuschlos zwei Türen zu öffnen, erreichte ich eine zweite Treppe; diese stieg ich wieder hinauf und befand mich gerade vor der Tür von Miss Temples Zimmer. Durch das Schlüsselloch und einen Spalt unterhalb der Tür fiel ein Lichtschein; überall herrschte tiefste Stille. Als ich näher kam, fand ich die Tür ein wenig geöffnet, wahrscheinlich um in das dumpfe Krankengemach etwas Luft dringen zu lassen. Nicht gewillt zu zögern, von ungeduldigem Drang beseelt, Seele und alle Sinne in heftigem Schmerz erbebend, öffnete ich sie ganz und blickte hinein. Mein Auge suchte Helen und fürchtete, den Tod zu finden.

Dicht neben Miss Temples Bett und mit weißen Vorhängen halb verhängt, stand ein kleines Bettchen. Ich sah die Umrisse einer Gestalt unter der Bettdecke, doch das

Gesicht war durch die Gardinen verdeckt. Die Wärterin, mit der ich im Garten gesprochen hatte, saß in einem Lehnstuhl und schlief; eine halb herabgebrannte Kerze, die auf dem Tisch stand, verbreitete ein trübes Licht. Miss Temple war nicht zu sehen. Ich wagte mich weiter ins Zimmer hinein; dann stand ich neben dem kleinen Bett still; meine Hand fasste den Vorhang, doch hielt ich es für besser zu sprechen, bevor ich ihn zur Seite zog. Ein Schauer erfasste mich bei dem Gedanken, dass ich vielleicht nur noch eine Leiche sehen würde.

»Helen«, flüsterte ich sanft, »bist du wach?«

Sie bewegte sich, schob den Vorhang zurück, und ich blickte in ihr bleiches, ausgezehrtes, aber ruhiges Gesicht. Sie schien so wenig verändert zu sein, dass meine Furcht augenblicklich schwand.

»Bist du's wirklich, Jane?«, fragte sie mit ihrer gewohnt sanften Stimme.

»Ah!«, dachte ich, »sie wird nicht sterben; sie irren sich alle; wäre es der Fall, so könnte sie nicht so ruhig, so friedlich aussehen; das wäre nicht möglich.«

Ich ging an ihr Bett und küsste sie; ihre Stirn war kalt, und ihre Wange war kalt und abgezehrt und ihre Hände und ihre Arme ebenfalls; aber ihr Lächeln war das alte geblieben.

»Weshalb kommst du hierher, Jane? Es ist schon nach elf Uhr; ich habe es vor einigen Minuten schlagen hören.«

»Ich kam, um dich zu sehen, Helen. Ich hörte, du seist sehr krank, und ich konnte nicht einschlafen, bevor ich nicht noch einmal mit dir gesprochen hatte.«

»Du bist also gekommen, um mir Lebewohl zu sagen: Wahrscheinlich bist du gerade noch zur rechten Zeit gekommen.« »Willst du fort, Helen? Willst du etwa nach Hause.« »Ja, nach Hause – in meine letzte, meine ewige Heimat!«

»Nein, nein, Helen«, unterbrach ich sie jammernd. Während ich versuchte, meiner Tränen Herr zu werden, hatte Helen einen heftigen Hustenanfall, der die Krankenwärterin jedoch nicht weckte. Als er vorüber war, lag sie einige Minuten ganz erschöpft da; dann flüsterte sie: »Jane, deine kleinen Füße sind nackt; leg dich zu mir ins Bett und decke dich mit meiner Decke zu.«

Ich tat es; sie schlang ihren Arm um mich, und ich schmiegte mich dicht an sie. Nach langem Schweigen fuhr sie flüsternd fort: »Ich bin sehr glücklich, Jane; und wenn du hörst, dass ich gestorben bin, so musst du mir versprechen, nicht zu trauern; denn es ist nichts zu betrauern. Wir alle müssen ja eines Tages sterben, und die Krankheit, die mich fortrafft, ist nicht schmerzhaft; sie schreitet langsam und schmerzlos fort; mein Gemüt ist in Frieden. Ich hinterlasse niemanden, der mich betrauert. Ich habe nur einen Vater; er hat vor Kurzem wieder geheiratet und wird mich nicht vermissen. Ich sterbe jung – aber ich werde auch vielen Leiden entgehen. Ich hatte keine Eigenschaften, keine Talente, die mir geholfen hätten, einen guten Weg durch die Welt zu gehen. Fortwährend hätte ich das Verkehrte getan.«

»Aber wohin gehst du denn, Helen? Kannst du es sehen? Kannst du glauben?« »Ich glaube; ich habe die feste Zuversicht: Ich gehe zu Gott.«

»Wo ist Gott? Was ist Gott?«

»Mein Schöpfer und der deine, der niemals zerstören kann, was er geschaffen hat. Ich glaube fest an seine Macht und vertraue seiner Güte. Ich zähle die Stunden bis zu jener großen, bedeutungsvollen, die mich ihm zurückgeben soll, ihn mir von Angesicht zu Angesicht zeigen wird.«

»Du bist also sicher, Helen, dass es ein Etwas gibt, das sich Himmel nennt; und dass unsere Seelen dorthin gehen werden, wenn wir sterben?«

»Ich bin sicher, dass es ein künftiges Leben gibt; ich glaube, dass Gott gut ist; ich gebe ihm meinen unsterblichen Teil vertrauensvoll hin, Gott ist mein Vater; Gott ist mein Freund, ich liebe ihn; ich glaube, dass er mich liebt.«

»Und werde ich dich wiedersehen, Helen, wenn ich sterbe?« »Du wirst in dieselben Regionen der Glückseligkeit kommen wie ich; derselbe mächtige Allvater wird auch dich an sein Herz nehmen, Jane, zweifle nicht daran.«

Wiederum fragte ich mich, doch dieses Mal nur in Gedanken: »Wo sind jene Regionen? Sind sie wirklich?« Und fester schlang ich meine Arme um Helen; sie war mir in diesem Augenblick teurer denn je; mir war, als könne ich sie nicht fortgehen lassen; ich verbarg mein Gesicht an ihrer Brust, gleich darauf sagte sie in ihrer süßesten Weise: »Wie wohl ich mich fühle! Jener letzte Hustenanfall hat mich ein wenig ermüdet; mir ist, als könnte ich jetzt schlafen; aber verlass mich nicht, Jane; es ist so schön, dich so nah zu wissen.«

»Ich bleibe bei dir, süße Helen; niemand soll mich von hier fortnehmen.«

»Ist dir warm, mein Liebling?«

»Ja.«

»Gute Nacht, Jane.«

»Gute Nacht, Helen.«

Sie küsste mich, und ich küsste sie: Bald schliefen wir beide.

Als ich erwachte, war es Tag. Eine ungewöhnliche Bewegung weckte mich; ich öffnete die Augen; jemand hielt mich in den Armen; es war die Krankenwärterin.

Sie trug mich durch die Korridore in den Schlafsaal zurück. Man erteilte mir keinen Verweis dafür, dass ich mein Bett verlassen hatte; die Leute hatten an andere Dinge zu denken. Auf meine vielen Fragen gab man mir damals keine Erklärungen; aber einige Tage später erfuhr ich, dass Miss Temple, als sie in ihr Zimmer zurückgekehrt war, mich in dem kleinen Bett gefunden hatte; mein Gesicht ruhte auf Helen Burns' Schulter, meine Arme umschlangen ihren Hals.

Ich schlief, und Helen war – tot.

Ihr Grab befindet sich auf dem Friedhof von Brocklebridge; noch fünfzehn Jahre nach ihrem Tod deckte es nur ein einfacher Grashügel. Inzwischen kennzeichnet eine graue Marmortafel die Stelle; darauf steht ihr Name und das Wort: »Resurgam.«[*] 🍂

Ein wahrer Freund ist nicht,
wer dir den Spiegel hält der Schmeichelei,
worin dein Bild dir selbst gefällt.
Dein wahrer Freund ist,
wer dich sehn lässt deine Flecken
und sie dir tilgen hilft,
eh' Feinde sie entdecken.

Friedrich Rückert

DIE ABENTEUER
DES TOM SAWYER

Mark Twain

Ihr kennt mich wahrscheinlich nicht, also muss ich mich kurz vorstellen und erzählen, was ich bis jetzt alles erlebt habe. Das ist nicht viel, aber immerhin kommt dabei auch mein Freund Tom Sawyer vor, ein Held und echter Kerl, auf den ich so was von stolz bin – und drum versuche ich's mal. Also ich bin der Huckleberry Finn, meistens einfach Huck genannt. Meine Mutter, falls ich je eine hatte, kenne ich nicht. Mein Vater, stadtbekannter Trinker, ist viel unterwegs, und wenn er mal auftaucht, dann kriegt das mein Hinterteil immer gleich zu spüren. Jetzt ist er schon ziemlich lange abgetaucht, aber das Geld wird ihn bald wieder herlocken wie der Honig die Wespen. Ja, da rede ich vom Geld und habe noch gar nicht gesagt, wie ich dazu gekommen bin. Wir haben's nämlich den Räubern stibitzt. Der Tom und ich, wir haben zufällig gesehen, wie sie's eingegraben haben, und als sie dann weg waren, da haben wir uns den Schatz geschnappt. Die werden Gesichter gemacht haben, als sie ihr Nest leer fanden! Aber die Geschichte ist viel zu lang, wissen müsst ihr nur, dass wir so richtig eingesackt haben, sechstausend Dollar für jeden von uns, und der

Bürgermeister hat meinen Anteil gleich mal genommen und »angelegt«, wie er es nannte.

Tom Sawyer, der also wirklich mein bester Freund ist, der hat eine Tante, die Polly, eine gute Seele, und einen Bruder Sid und eine Schwester Mary, und der muss in die Schule und kriegt seine Kleider ordentlich geflickt, wenn er sie zerrissen hat. Meine Lumpen hat nie jemand geflickt, und trotzdem weiß ich nicht, was mir lieber ist: die schöne alte Lumpenzeit, als ich mich in Wald und Feld umtrieb, sich keiner um mich kümmerte und ich da schlief, wo mich gerade die Nacht überraschte – oder jetzt. Aber halt, ich hab ja noch gar nicht gesagt, dass ich inzwischen auch ein Zuhause habe, und zwar ein steinernes Haus mit vielen Zimmern, und eines davon ist für mich, und da steht ein Bett drin, ein wirkliches, wahrhaftiges Bett, und in dem soll ich jede Nacht schlafen, was mir aber manchmal zu dumm ist, und dann lege ich mich doch einfach auf die Dielen und ruhe mich aus. Das Haus gehört einer Witwe, die Douglas heißt und eine freundliche alte Frau ist und die mich »zivilisieren« will, wie sie sagt. Das schmeckt mir gar nicht, kann ich euch sagen, das Leben wird mir schnell sauer bei einem so abscheulichen Gleichtakt, wo immer um dieselbe Zeit gegessen und geschlafen werden soll. Einmal hab ich mich auch schon davongemacht, bin in meine alten Lumpen geschlüpft, und schon war ich draußen im Wald und in der Freiheit. Aber Tom, mein alter Freund, der hat mich wieder aufgespürt, und er hat mir versprochen, mit mir eine Räuberbande zu gründen, wenn ich noch mal mit zurückkommen würde zu der Witwe. Na, da hab ich's halt gemacht.

Die Witwe vergoss Tränen, nannte mich ein armes, verirrtes Schaf und solche Sachen, was aber ganz nett gemeint war. Ich musste auch wieder in die neuen Kleider kriechen und darin schwitzen und mich quälen und einen Krampf in allen Gliedern haben – und so ging's wieder dahin wie vorher.

Ihre Schwester, Miss Watson, eine ziemlich dürre, alte Jungfer, die gerade gekommen war, um bei ihr zu leben, plante nun einen besonderen Angriff auf mich: Sie war mit einem Lesebuch bewaffnet. Eine Stunde lang musste ich ihr standhalten, und dann kam die Witwe an und erzählte mir von Moses. Ich war sozusagen zwischen zwei Feuern. Lange konnte das nicht gut gehen, mir war bald todlangweilig und ich zappelte ziemlich herum. Da sagte dann Miss Watson: »Halt doch die Füße ruhig, Huckleberry«, oder »Mach doch nicht so einen Buckel, Huckleberry«, und dann wieder »Reck dich doch nicht so, willst du denn nie Manieren lernen?«, bis ich ganz wild wurde. Da fing sie an, mir von dem Ort zu erzählen, an den die bösen Menschen kommen, und ich sagte, ich wünschte mich dahin. Was wurde sie da böse und zeterte herum! Ich sei ein böser Junge, und ihr selbst würde so etwas nie über die Lippen kommen, und sie würde immer so leben, dass sie später in den Himmel käme. Dieser Ort – mit ihr zusammen – schien mir nun gar nicht verlockend. Ich fragte sie, ob mein Freund Tom Sawyer auch dort sein würde, was sie entschieden verneinte. Oh, das freute mich! Tom muss zu mir kommen, der soll nicht irgendwo sein, wo ich nicht hindarf. Wir beide müssen zusammen sein!

Miss Watson predigte unterdessen immer weiter und mir war elend und einsam zumute. Ich stieg mit meinem Stummel Kerze in mein Zimmer hinauf, stellte das Licht auf den Tisch, setzte mich davor und probierte, an etwas Fröhliches zu denken. Das nutzte aber wenig. Ich fühlte mich so allein, dass ich wünschte, ich wäre tot. Die Sterne glitzerten und blitzten und die Blätter rauschten im Wald. Ich hörte eine Eule von der Ferne, dazwischen heulte ein Hund, und der Wind ächzte und stöhnte und schien mir etwas klagen zu wollen, sodass mir angst und bange wurde. Was hätte ich dafür gegeben, nicht alleine zu sein.

So setzte ich mich zitternd auf meinen Bettrand und zündete mir zur Beruhigung mein Pfeifchen an. Das Haus war so still und die Witwe weit. So saß ich lange, lange. Da schlug die Uhr von der Ferne bum – bum – bum – bum, zwölfmal, und wieder war alles still, stiller als vorher. Plötzlich höre ich etwas unten im Garten unter den Bäumen, ein Rascheln und Knacken, ich sitze still, halte den Atem an und lausche. Wieder hör ich's und dabei leise wie ein Hauch das schwächste »Miau« einer Katze. »Miau, miau« tönt's kläglich und lang gezogen. Und »miau, miau« antworte ich ebenso kläglich, ebenso leise, springe rasch in meine Kleider, lösche das Licht und steige aus dem Fenster auf das Schuppendach davor. Dann lasse ich mich zu Boden gleiten, krieche auf allen vieren nach dem Schatten der Bäume, und da war richtig und leibhaftig Tom Sawyer, mein alter Tom, und wartete auf mich.

Wahre Freundschaft
erträgt Zeit,
Distanz und Stille.

Isabell Allende

VON PAUL
ZU PEDRO

Franziska zu Reventlow

*J*a, nun sind Sie wieder fort, lieber Freund – Sie fehlen mir sehr, und ich denke mit einiger Wehmut an unser Beisammensein, vor allem an unsere ›Teegespräche‹ zurück.

Es war doch recht hübsch, wenn wir uns aus Regen und Wind in den Tearoom flüchteten und jedesmal Angst hatten, ob unser Kaminplatz auch frei sein würde.

Wenn wir anderswo sitzen mussten, waren wir eigentlich immer melancholisch. Man wurde auf einmal gewahr, dass die Welt recht ungemütlich sein kann, und wurde selbst ungemütlich. Sie, lieber Doktor, in erster Linie – oh, Sie konnten sehr ungemütlich sein, wenn Sie anfingen, ›es‹ ernsthaft zu nehmen und mir die Seele aus dem Leibe herauszufragen.

Ich weiß schon – gescheite Männer können das manchmal nicht lassen, aber es ist eine üble Angewohnheit, und ich glaube, sie ist schuld daran, dass man so oft die Dummen vorzieht. Und das könnt ihr dann wieder nicht begreifen.

Lieber Gott, ich denke ja auch manchmal nach, aber es ist immer ungemütlich. Und nun erst zu zweien – davon bekommt man regelmäßig eine Art moralischen Kater. Sie dürfen mir jetzt auch brieflich nicht zu seriös werden und mich nicht wieder als ›Problem‹ behandeln – ich bin keines –, sonst prophezeie ich unserer Korrespondenz einen frühen Tod.

Einstweilen bin ich noch recht schreibselig aufgelegt, es ist gar so fad, allein in einer fremden Stadt zu sitzen, wenn es regnet, ununterbrochen regnet.

Das vielbesprochene Abenteuer, dem ich mein Hiersein verdanke, ist zu Ende. Es lag ja schon in den letzten Zügen, als Sie herkamen. Sie waren wohl etwas mit schuld daran – er wurde mir so langweilig, er war auch wirklich und wahrhaftig langweilig, aber im Anfang habe ich es nicht so gemerkt.

Mit Ihnen konnte ich mich jedenfalls viel besser unterhalten. Wenn ich mit ›ihm‹ drei Stunden hier am Kamin sitzen sollte – du liebe Zeit –, ich wäre einfach zersprungen. Ich habe ihn auch nie mit hergenommen, aus Pietät für Sie – in solchen Dingen bin ich sehr pietätvoll, Sie können ganz zufrieden sein.

Also, er ist fort – zu seiner Frau und seinen Kindern. Lächeln Sie nicht so niederträchtig, ich kann doch nichts dafür, dass alle möglichen Leute Frau und Kinder haben. Man darf schon froh sein, wenn sie sich nicht scheiden lassen wollen, um einem ›fürs Leben anzugehören‹.

Davor habe ich schon in frühen Jugendjahren einen nachhaltigen Schrecken bekommen. Da wollte einer mit mir durchgehen, der sechs Kinder hatte und natürlich auch eine Frau. Er sagte mir, ich sei eine Sphinx und er selbst ein Schurke – und das machte mir tiefen Eindruck – ich war noch so ganz dumm.

Die große Szene spielte sich in einem Büro ab, und ich hatte das Gefühl, man könne doch eigentlich nicht Nein sagen, wenn es so dramatisch herginge. Die Sphinx wirkte wie eine Verpflichtung zu irgendetwas Ungeheuerlichem. Aber schließlich löste ich mich in Tränen auf und sagte doch Nein.

Wir sind uns nachher noch oft auf der Straße begegnet, haben aber nie wieder miteinander gesprochen. Er hat mich nur stumm und leidenschaftlich angesehen. Das war eigentlich recht guter Stil, er bekam dadurch eine Art Nimbus für mich, und ich verzieh ihm die sechs Kinder, die mich erst so entsetzt hatten.

Aber denken Sie nur, wenn ich damals Romantik und schauervolle Wirklichkeit verwechselt hätte, wie es mir leider späterhin noch manchmal passiert ist …

Nein, ich war meinem Abenteurer hier in der Regenstadt von Herzen dankbar, dass er nicht zum Schurken werden wollte und ruhig heimfuhr. Er hoffte allerdings auf Fortsetzung, aber ich bin nicht dafür. Fortsetzung mit verheirateten Männern ist überhaupt nichts Rechtes, ich hab das Ausleihen niemals gerne gehabt. Es ist gerade so, wie wenn man sich von Freundinnen einen Mantel oder Pelz leiht – dann gefällt er mir, kleidet mich besonders gut, und ich ärgere mich, wenn ich ihn zurückgeben soll. Man kann es auch vergessen oder etwas daran ruinieren, und dann ärgert sich die Freundin. Es gibt immer leicht Unannehmlichkeiten für beide Teile.

Übrigens habe ich gar nicht erst versucht, ihm das zu erklären, es ist unpraktisch, sich mit dem objet aimé über diese Fragen zu unterhalten. Ich finde es viel hübscher, wenn er sich bei der Heimreise auf ein Wiedersehen freut.

Und Sie? – Sie können es sicher immer noch nicht begreifen, dass ich mich in ein objet verlieben kann, aus dem ich mir im Grunde gar nichts mache, mit dem man sich nach zwei, drei Stunden zu Tode langweilt und nie im Leben ein richtiges Teegespräch führen könnte.

Aber Sie dürfen eigentlich ganz damit einverstanden sein, ich meine, es hat sich doch immer alles aufs Schönste ergänzt. Mir schien auch, dass Sie sich in Ihrer diesmaligen Rolle als ›Konversationsliebe‹ ganz wohlfühlten. Zu Ihnen flüchtete ich mich immer wieder, wenn er gar zu stumpfsinnig wurde. Nur, wenn wir einmal unseren richtigen Platz nicht bekamen und Sie, fern vom Kamin, zu tiefgründig waren – dann bekam ich wieder Sehnsucht nach ihm und stahl mich ans Telefon. Zum Beispiel, als Sie verlangten, ich sollte Hölderlins Hyperion lesen – oder wollen Sie immer noch nicht zugeben, dass Ihr Ansinnen deplatziert war? Im Süden und wenn man gerade romantisch aufgelegt ist – mit Vergnügen. Aber bei dem Regen und unter diesen Umständen – ich hab's ja versucht, aber das Einzige, was mir Eindruck machte, war die Stelle: »Guter Junge!, es regnet.« Und das gab meine Empfindungen so erschöpfend wieder, dass ich ganz glücklich war. Aber ich glaube, das haben weder Sie noch er begriffen.

Denken Sie darüber nach, lieber Freund, und leben Sie für heute recht wohl. ✍

Wer Freunde sucht,
ist sie zu finden wert:
Wer keinen hat,
hat keinen noch begehrt.

Gotthold Ephraim Lessing

ÜBER DIE
FREUNDSCHAFT

Michel de Montaigne

Essais, 1. Buch, 28. Kapitel

*W*as wir gemeinhin Freunde und Freundschaft nennen, sind nur Bekanntschaften und vertrauliche Beziehungen, die der Zufall knüpft oder irgendein Anlass, der es bequem erscheinen lässt, miteinander zu verkehren.

In der Freundschaft, von der ich rede, verschmelzen zwei Seelen so vollständig, dass nicht einmal mehr die Naht zu entdecken ist, die sie einte. Wenn man von mir fordert zu sagen, warum ich Étienne de la Boétie liebte, so fühle ich, nur diese eine Antwort könne es ausdrücken: »Weil er es war; weil ich es war.«

Wir suchten uns, noch ehe wir uns gesehen hatten, wir waren aufeinander aufmerksam geworden durch Berichte, die der eine vom anderen vernommen hatte und die sogleich eine starke Zuneigung bewirkten, viel mehr, als man das bei reinem Hörensagen erwarten könnte; vielleicht war es auch eine Fügung des Himmels.

Schon bei unserer ersten Begegnung – sie fand zufällig statt, während einer größeren städtischen Feierlichkeit –

fühlten wir uns so zueinander hingezogen, ja so vertraut und als kennten wir uns längst, dass wir augenblicklich ein Herz und eine Seele waren.

Er schrieb darüber ein lateinisches Gedicht, das auch veröffentlicht wurde, in dem er die Heftigkeit zu erklären und zu entschuldigen versucht, mit der unsere gegenseitige Zuneigung von heute auf morgen zum Leben erwachte und bald auch zur Vollkommenheit reifte. Da sie nur von so kurzer Dauer sein sollte und spät begonnen hatte – denn wir waren beide schon gestandene Männer, wobei er einige Jahre älter war als ich –, so durfte sie sich nicht damit aufhalten, sich tastend und zögerlich anzubahnen wie landläufige Freundschaften, die Vorsicht und vorbereitende Gespräche nötig haben. Unsere Freundschaft hatte nur sich selbst als Vorbild, an nichts anderem ließ sie sich messen. Es gab auch keinen speziellen Beweggrund für sie, auch nicht zwei, drei oder gar Tausende; es war einfach eine unerklärliche Quintessenz aus allem, die meinen Willen ergriff und mich sich ganz in ihm verlieren ließ, ebenso wie sie seinen Willen ergriff und ihn sich ganz in mir verlieren ließ – beide mit gleichem Hunger und Eifer. Denn fürwahr, wir behielten nichts, was nur einem von uns allein gehört hätte, nichts war mehr nur mein oder nur sein. 🖎

Jedermann kann für die Leiden
eines Freundes Mitgefühl aufbringen.
Es bedarf aber eines wirklich
edlen Charakters, um sich über
die Erfolge eines Freundes zu freuen.

Oscar Wilde

Wir wollen uns immer die Hände halten,
damit unsre Seelen nicht in den kalten,
notvollen Nächten einsam erfrieren.

Wir wollen uns immer tiefer finden,
damit wir uns nicht wie die armen Blinden
im schwarzen Walde traurig verirren.

Wir wollen uns immer die Hände halten,
damit wir uns nicht zu tief in die Falten
des unendlichen Lebens verlieren.

Franziska Stoecklin

FRANKENSTEIN

Mary Shelley

*E*ndlich kam der Morgen heran, trüb und feucht, und mit meinen schmerzenden Augen konnte ich erkennen, dass die Uhr auf dem Kirchturm die sechste Stunde anzeigte. Der Hausmeister öffnete das Tor des Hofs, der diese Nacht meine Zuflucht gewesen war, und ich eilte auf die Straße hinaus. Ich lief durch die Stadt wie auf der Flucht und fürchtete an jeder Straßenecke, meinem Ungeheuer zu begegnen. Ich hatte Angst, in meine Unterkunft zurückzukehren, und so irrte ich weiter ziellos umher, obwohl der Regen, der aus einem schwarzen und trostlosen Himmel herabströmte, mich bereits bis auf die Haut durchnässt hatte.

Ich hoffte, durch die körperliche Bewegung die Last, die mir auf der Seele lag, etwas zu erleichtern. So durchhastete ich Straße um Straße und wusste dabei weder, wo ich war, noch, wohin ich wollte.

Irgendwann stand ich vor dem Gasthof, an dem die Post- und Reisewagen Station machten. Ich weiß nicht, warum, aber ich blieb stehen und beobachtete einen Wagen, der gerade vom anderen Ende der Stadt herankam. Als er nah genug war, konnte ich erkennen, dass er von der

Schweizer Post war. Er hielt an, die Tür öffnete sich und Henry Clerval sprang heraus. Er erkannte mich, lief auf mich zu und rief: »Lieber, lieber Frankenstein, wie ich mich freue, dich zu sehen! Und welch schöner Zufall, dir gleich beim Aussteigen zu begegnen.«

Ich freute mich außerordentlich über die Ankunft Clervals, und als ich ihn sah, tauchten vor meinem inneren Auge sofort auch mein Vater, Elisabeth und all die schönen Erinnerungen an zu Hause auf. Ich nahm seine Hand und vergaß für einen Moment all mein Elend und Unglück. Das erste Mal seit Monaten empfand ich etwas wie Ruhe und Freude. Ich schaffte es, meinen Freund aufs Herzlichste zu begrüßen, und schlug mit ihm den Weg zu meiner Wohnung ein. Clerval sprach von unseren gemeinsamen Freunden und davon, wie glücklich er war, dass auch er endlich die Erlaubnis bekommen hatte, in Ingolstadt zu studieren. »Du kannst dir bestimmt vorstellen,« sagte er, »wie schwierig es war, meinen Vater zu überzeugen, dass mit der Kenntnis der Buchführung noch nicht alles Wissen erschöpft ist. Ich bin immer noch nicht sicher, ob er es wirklich eingesehen hat, denn immer wieder antwortete er auf mein flehendes Bitten mit den Worten des holländischen Schulmeisters Vikar von Wakefield: »Ich habe zehntausend Gulden im Jahr, ohne dass ich Griechisch kann, und auch das Essen schmeckt mir, ohne dass ich Griechisch kann.« Aber dann war die Liebe zu seinem Sohn wohl doch größer als die Abneigung gegen das Lernen und ich durfte endlich aufbrechen ins Reich des Wissens.«

»Es freut mich sehr, dich wiederzusehen, aber jetzt sag mir auch, wie es Vater geht und meinen Brüdern und Elisabeth?«

»Alles bestens, sie machen sich nur ein bisschen Sorgen, weil sie so selten von dir hören. Übrigens muss auch ich dir deswegen die Leviten lesen. Aber, lieber Frankenstein«, sagte er, blieb kurz stehen und sah mir direkt ins Gesicht, »erst jetzt fällt mir auf, wie schlecht du aussiehst. So schmal und blass, man könnte meinen, du hättest ein paar Nächte durchgemacht.«

»Oh ja, da hast du recht. Ich war in letzter Zeit sehr mit einer Sache beschäftigt, die mir keine Ruhe gelassen hat. Aber das ist jetzt hoffentlich vorbei, sodass ich wieder Zeit habe.«

Ich fing sofort an zu zittern. Es war kaum auszuhalten, an die vergangene Nacht zu denken, und darüber reden wollte ich schon gar nicht. Ich beschleunigte meinen Schritt, und bald waren wir an meinem Quartier. Ich dachte kurz nach, und ein Schauer durchfuhr mich bei dem Gedanken, die Kreatur könnte immer noch in meiner Wohnung sein. Ich hatte Angst, das Ungeheuer wieder zu erblicken, aber schlimmer noch war die Vorstellung, Henry könnte etwas davon mitbekommen. Ich bat ihn also, kurz unten zu warten, und rannte hinauf. Als ich die Hand auf die Klinke legte, lief es mir kalt den Rücken hinunter. Mit Schwung stieß ich die Tür auf, so wie es Kinder tun, wenn sie damit rechnen, dass dahinter ein Gespenst lauert. Aber nichts war zu sehen. Ängstlich schlich ich hinein. Doch sowohl die Stube als auch das Schlafzimmer waren leer. Ich konnte mein Glück gar nicht fassen, aber der unheimliche Geselle war tatsächlich fort. Erleichtert eilte ich hinunter zu Clerval.

Ich führte ihn hinauf und ließ sogleich Frühstück bringen. Allerdings konnte ich mich keinen Augenblick stillhalten. Ich war völlig überreizt und mein Puls raste. Ich sprang über die Stühle, klatschte in die Hände und brach immer wieder in lautes und übertriebenes Gelächter aus. Zuerst hielt Clerval das wohl für Wiedersehensfreude, aber dann fiel ihm doch dieser seltsame, fiebrige Glanz in meinen Augen auf. Auch dieses unbeherrschte Lachen, das so gar nichts Herzliches hatte, muss ihn stutzig gemacht haben.

»Was hast du denn nur, lieber Victor, was ist los?«, rief er. »Lach doch nicht so hässlich. Wie hundeelend du aussiehst. Warum denn nur?«

»Frag mich nicht«, schrie ich und schlug die Hände vors Gesicht, denn in dem Moment war mir, als sei der Dämon ins Zimmer geschlichen. »Der da kann's dir sagen – Hilfe! Hilfe!« Ich meinte zu spüren, wie das Ungeheuer nach mir griff. Verzweifelt schlug ich um mich und brach schließlich ohnmächtig zusammen.

Armer Clerval! Wie muss ihm zumute gewesen sein? Da hatte er sich so lange auf das Wiedersehen gefreut und jetzt musste es so eine Wendung nehmen! Aber ich habe seinen Kummer nicht mitbekommen, denn ich kam erst nach langer, langer Zeit wieder zu mir.

Es war der Beginn eines heftigen Nervenfiebers, das mich monatelang ans Bett fesselte. Während dieser ganzen Zeit kümmerte sich Henry aufopferungsvoll um mich. Später erfuhr ich, dass er meinen Lieben zu Hause das Ausmaß meiner Krankheit verschwiegen hatte. Schließlich wusste er, dass mein Vater für so eine lange Reise zu alt war und dass Elisabeth vor Sorge vergangen wäre. Er war ohnehin überzeugt, dass er für mich der beste Pfleger sei, und ich würde ja sicher wieder gesund werden.

Aber ich war wirklich ernsthaft krank und nur die unermüdliche und hingebungsvolle Pflege meines Freundes bewahrte mich vor dem Tod. Das Monster, dem ich das Leben gegeben hatte, schwebte mir immer vor Augen und im Fieberwahn sprach ich oft davon. Henry konnte meine Worte anfangs schwer deuten, er mochte sie für wirre Fantasien gehalten haben. Da ich mich aber immer wiederholte und stets auf denselben Punkt zurückkam, wurde ihm doch klar, dass meine Krankheit auf irgendein schreckliches Ereignis zurückzuführen sei.

Ich erholte mich nur langsam, und immer wieder gab es Rückfälle, die meinem Freund große Sorgen machten. Ich erinnere mich noch genau an den Augenblick, als ich zum ersten Mal wieder bewusst die Dinge wahrnahm, die mich umgaben. Ich freute mich, dass das welke Laub verschwunden war und stattdessen Knospen an den Bäumen vor meinem Fenster zu sehen waren. Es war ein herrlicher Frühling und er trug einen guten Teil zu meiner Genesung bei. In meiner Brust regten sich wieder Gefühle, und nach und nach wich der Alb, der mich so bedrückt hatte. Bald war ich wieder so froh wie vor der Zeit meiner unseligen Leidenschaft. 🖎

Wenn man mit Frauen
Freundschaften haben kann,
welche Freude – die Beziehung
so geheim und vertraut,
verglichen mit der zu Männern.

Virginia Woolf

Du möchtest noch
mehr von uns
kennenlernen?

In einigen Fällen war es nicht möglich, für den Ab-
druck der Texte die Rechteinhaber:innen zu ermitteln.
Honoraransprüche der Autor:innen, Verlage und ihrer
Rechtsnachfolger:innen bleiben gewahrt.

© 2024 arsEdition GmbH,
Friedrichstr. 9, D-80801 München
Alle Rechte vorbehalten
Gestaltung Cover und Layoutkonzept:
Miriam Strobach, Le Foodink
Satz: Helene Hillebrand
Bildnachweis: Floral Graphics by likorbut,
Creative Market

ISBN 978-3-8458-5787-9

www.arsedition.de

Wir behalten uns die Nutzung unserer Inhalte
für Text und Data Mining im Sinne von § 44b UrhG
ausdrücklich vor.